Du même auteur chez Québec Amérique

Jeunesse

SÉRIE PETIT BONHOMME

Les mots du Petit Bonhomme, album, 2002.
Les musiques du Petit Bonhomme, album, 2002.
Les chiffres du Petit Bonhomme, album, 2003.
Les images du Petit Bonhomme, album, 2003.

SÉRIE PETIT GÉANT

Les Cauchemars du petit géant, coll. Mini-Bilbo, 1997.
L'Hiver du petit géant, coll. Mini-Bilbo, 1997.
La Fusée du petit géant, coll. Mini-Bilbo, 1998.
Les Voyages du petit géant, coll. Mini-Bilbo, 1998.
La Planète du petit géant, coll. Mini-Bilbo, 1999.
La Nuit blanche du petit géant, coll. Mini-Bilbo, 2000.
L'Orage du petit géant, coll. Mini-Bilbo, 2001.
Le Camping du petit géant, coll. Mini-Bilbo, 2002.
Les Animaux du petit géant, coll. Mini-Bilbo, 2003.
Le Petit Géant somnambule, coll. Mini-Bilbo, 2004.

SÉRIE NOÉMIE

Noémie 1 - Le Secret de Madame Lumbago, coll. Bilbo, 1996.
- **Prix du Gouverneur général du Canada 1996**

Noémie 2 - L'Incroyable Journée, coll. Bilbo, 1996.
Noémie 3 - La Clé de l'énigme, coll. Bilbo, 1997.
Noémie 4 - Les Sept Vérités, coll. Bilbo, 1997.
Noémie 5 - Albert aux grandes oreilles, coll. Bilbo, 1998.
Noémie 6 - Le Château de glace, coll. Bilbo, 1998.
Noémie 7 - Le Jardin zoologique, coll. Bilbo, 1999.
Noémie 8 - La Nuit des horreurs, coll. Bilbo, 1999.
Noémie 9 - Adieu, grand-maman, coll. Bilbo, 2000.
Noémie 10 - La Boîte mystérieuse, coll. Bilbo, 2000.
Noémie 11 - Les Souliers magiques, coll. Bilbo, 2001.
Noémie 12 - La Cage perdue, coll. Bilbo, 2002.
Noémie 13 - Vendredi 13, coll. Bilbo, 2003.
Noémie 14 - Le Voleur de grand-mère, coll. Bilbo, 2004.

La Nuit rouge, coll. Titan, 1998.

Adulte

Le Mangeur de pierres, coll. Littérature d'Amérique, 2001.
Les Parfums d'Élisabeth, coll. Littérature d'Amérique, 2002.

Le Grand Ménage du petit géant

GILLES TIBO

ILLUSTRATIONS :
JEAN BERNÈCHE

QUÉBEC AMÉRIQUE Jeunesse

Données de catalogage avant publication (Canada)

Tibo, Gilles
Le Grand Ménage du petit géant
(Série Petit géant ; 11)
(Mini-Bilbo ; 26)
Pour enfants de 6 ans et plus.
ISBN 2-7644-0380-1
I. Bernèche. II. Titre. III. Collection : Tibo, Gilles.
Série Petit géant ; 11. IV. Collection : Mini-bilbo ; 26.
PS8589.I26G722 2005 jC843'.54 C2004-942036-4
PS9589.I26G722 2005

Conseil des Arts du Canada — Canada Council for the Arts — SODEC Québec

Nous reconnaissons l'aide financière du gouvernement du Canada par l'entremise du Programme d'aide au développement de l'industrie de l'édition (PADIÉ) pour nos activités d'édition.

Gouvernement du Québec – Programme de crédit d'impôt pour l'édition de livres – Gestion SODEC.

Les Éditions Québec Amérique bénéficient du programme de subvention globale du Conseil des Arts du Canada. Elles tiennent également à remercier la SODEC pour son appui financier.

Québec Amérique
329, rue de la Commune Ouest, 3e étage
Montréal (Québec) H2Y 2E1
Téléphone : (514) 499-3000, télécopieur : (514) 499-3010

Dépôt légal : 1er trimestre 2005
Bibliothèque nationale du Québec
Bibliothèque nationale du Canada

Révision linguistique : Monique Thouin
Mise en pages : Andréa Joseph [PageXpress]
Prémaquette : Jean Bernèche

À Alexis W. Lefebvre
G.T.

À Julie, Karine,
Michelle et Luc
dans le grand
déménagement
J.B.

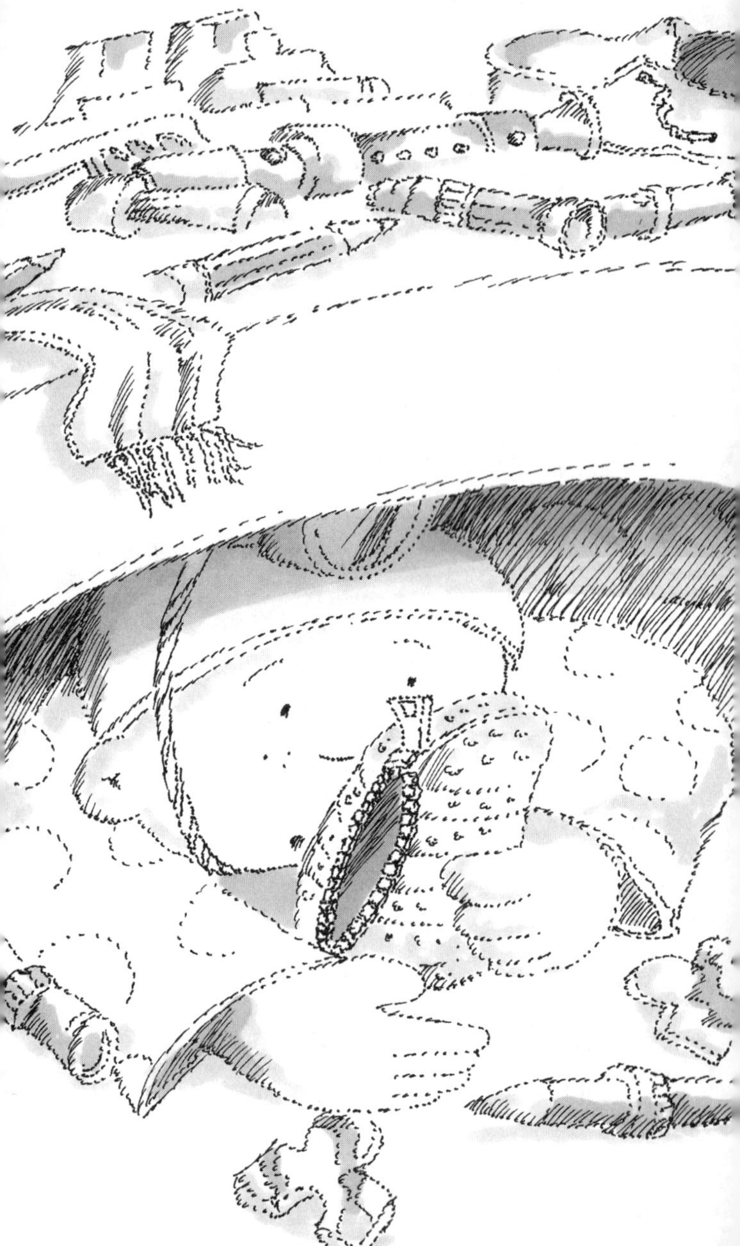

1

Le grand désordre

Je m'appelle Sylvain, Sylvain le petit géant. Cet après-midi, je regarde par la fenêtre de ma chambre. Aucun oiseau ne vole dans le ciel. Il pleut, il vente, il fait froid. Impossible de jouer sur le trottoir, dans la cour ou au parc. Je décide donc de rester dans ma chambre et de faire un dessin. Je cherche et je cherche et je cherche mon étui à crayons. Je finis par le trouver sous mon lit, mais mon étui est vide, vide, vide… Mes crayons sont éparpillés dans mon sac à dos, dans les tiroirs de mon bureau et jusque sous mon oreiller. Je ne trouve ni le rouge, ni le bleu, ni le vert. Je suis découragé…

Alors, je décide de jouer avec mes oursons, mais je n'en trouve aucun. Ils ont disparu… Ils se sont sauvés… quelque part… dans la maison. Je suis très découragé.

Je décide de faire un casse-tête, mais il manque plus de la moitié des pièces. J'en découvre quelques-unes

dans ma poubelle, sur une tablette... Les autres morceaux sont introuvables. Je suis très, très découragé...

Je m'étends sur mon lit, je ferme les yeux et je m'endors en rêvant que

c'est le désordre partout sur la Terre. Les villes sont toutes pêle-mêle. Les gratte-ciel ressemblent à des jeux de blocs empilés les uns par-dessus les autres.

Les trottoirs s'étirent

comme du caoutchouc. Les autoroutes imitent des spaghettis entrelacés. Les piétons et les automobiles

circulent à l'endroit, à l'envers. On est perdu. On cherche son chemin.

J'entends soudainement ma mère se plaindre :

— Mais, c'est épouvantable ! Sylvain ! regarde-moi ce fouillis !

Je m'éveille en sursaut :

— Je... heu... Oui, maman... Je me reposais un peu avant d'entreprendre le ménage de ma chambre.

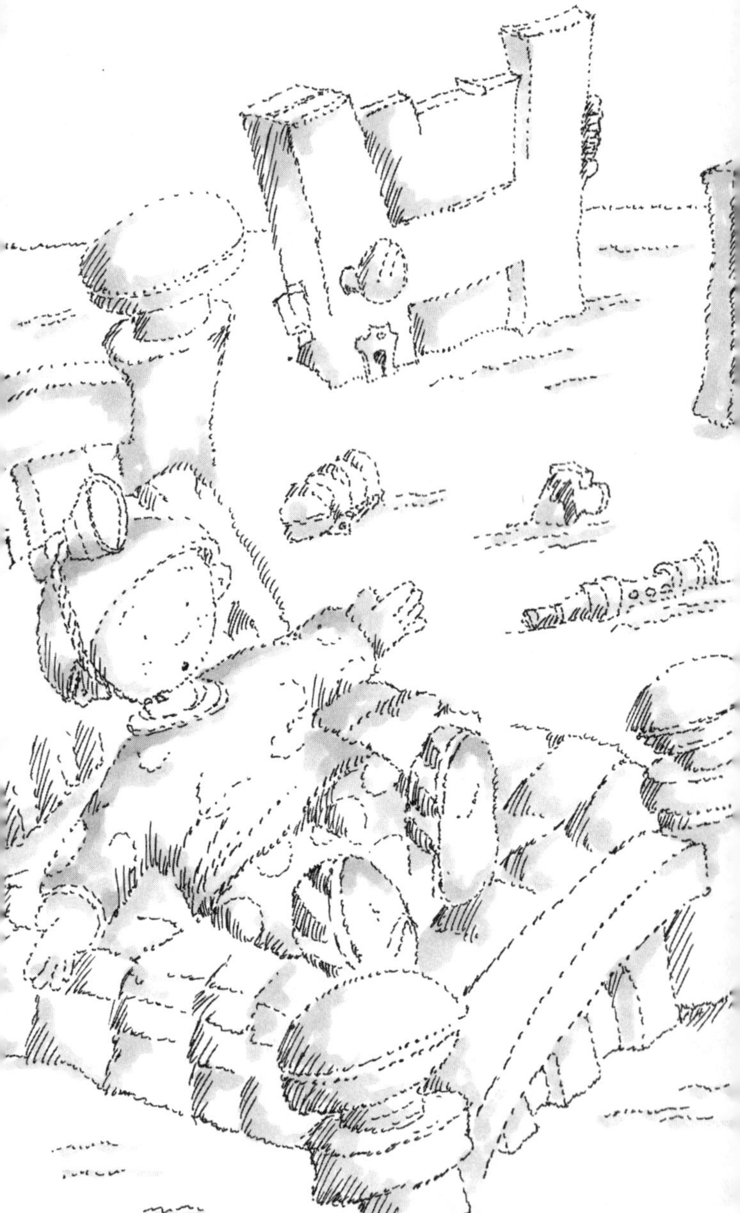

2

Le géant

Ma mère quitte ma chambre, ferme la porte, puis s'éloigne dans le corridor. Étendu sur mon lit, je ressemble à un naufragé. Autour de moi, des milliers d'objets flottent à la dérive. Je veux bien faire du ménage, mais j'ignore par où commencer. Par le bureau, qui disparaît sous les cahiers les livres, les boulettes de papier ? Par la garde-robe bourrée de vêtements, de valises, de boîtes de carton ? Par les tablettes qui débordent ? Par le plancher jonché de camions, de poupées, d'animaux en caoutchouc ?

Je ferme les yeux pour mieux réfléchir... mais, en réfléchissant, je glisse dans le sommeil. Je rêve qu'un épouvantable désordre règne dans le ciel. Les planètes sont toutes éparpillées. La Lune cherche la Terre. La Terre cherche le Soleil. Le Soleil cherche sa place entre les étoiles. Les étoiles cherchent leurs galaxies et les galaxies sont perdues dans l'Univers. Tout va mal. C'est le chaos total.

Alors, apparaît un géant, un vrai géant. En rigolant, il jongle avec les planètes. Elles tournent et elles tournent autour de sa tête et finissent par reprendre leurs positions initiales. Mais tout à coup une planète quitte son orbite et frappe le nez du géant. J'entends: «AOUTCH!»

Le géant hurle avec la même voix que mon père :

— Non mais, ce n'est pas possible !

Je me réveille en sursaut. Mon père, un pied empêtré dans une boîte de carton, est tombé sur le plancher de ma chambre. Il lance des chaussettes, des boulettes de papier, des automobiles en hurlant :

— Sylvain ! tu fais le ménage de ta chambre ! Immédiatement !

Très en colère, mon père quitte ma chambre en faisant claquer la porte. CLAC !

3

Le grand ménage

Je sais ce qu'il me reste à faire. Je dois faire le ménage de ma chambre, mais je ne ferai pas seulement un petit ménage de rien du tout. Je ferai le ménage du siècle et même le ménage du millénaire. Mes parents seront heureux !

Pour faire un beau, un grand, un fantastique ménage, je dois commencer par vider les tablettes, les tiroirs, la garde-robe et mon coffre à jouets… Ensuite, je replacerai toutes mes choses, bien en ordre, sur mes tablettes, dans mes tiroirs, dans ma garde-robe puis dans mon coffre à jouets.

Sans perdre de temps, je lance toutes mes traîneries au centre de ma chambre. Les livres, les souliers, les vêtements et les jouets s'accumulent, s'accumulent, s'accumulent. Après deux minutes, la pile est rendue à la hauteur de mes genoux. Après dix minutes, elle monte à la hauteur de mes yeux. Après vingt minutes, l'amoncellement est plus

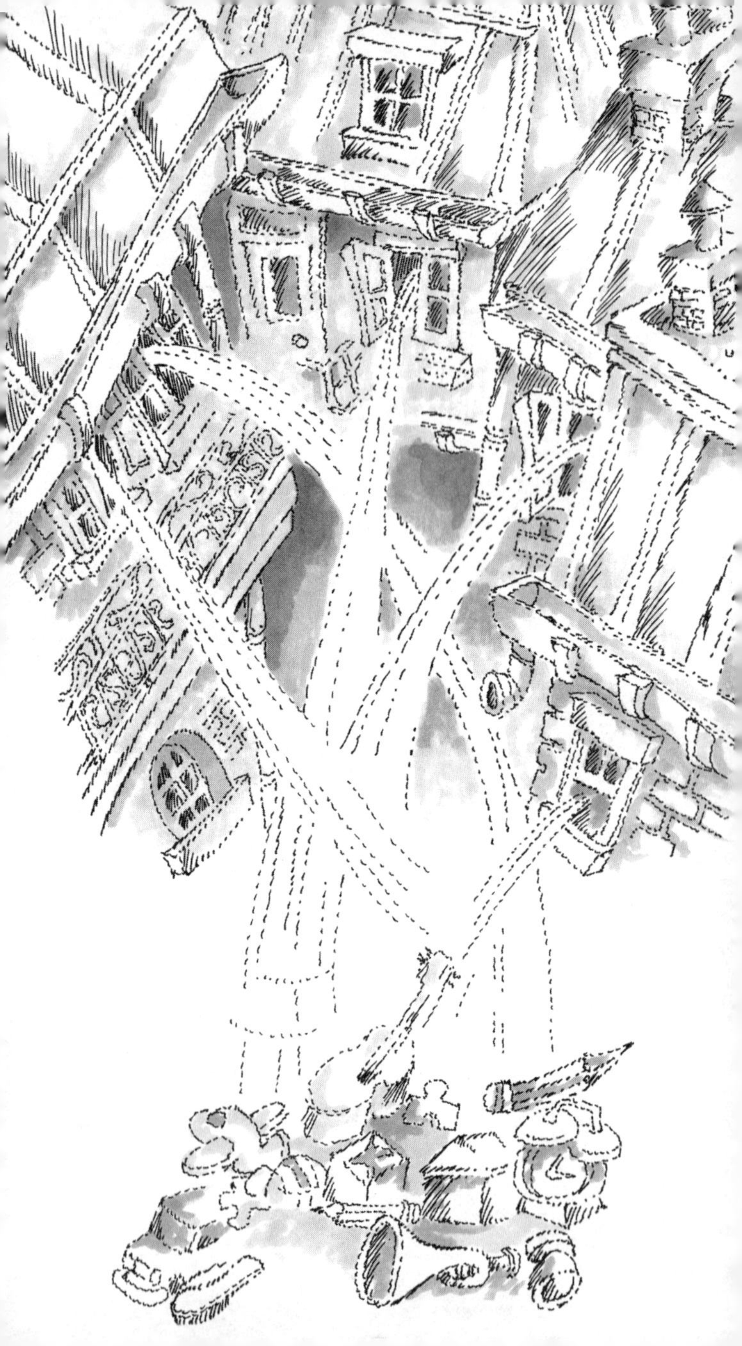

haut que moi. On dirait une pyramide !

Je grimpe jusqu'au sommet et là, je m'étends sur le dos. Je suis épuisé. Je n'aurais jamais cru qu'il était si épuisant de faire du ménage !

Je ferme les yeux et je m'endors en rêvant que tous les enfants du monde font le ménage de leur chambre. Ils lancent leurs choses par les fenêtres. Ensuite, ils les regroupent au centre de leur ville, au centre de leur pays, puis au centre de leur continent. Ensuite, ils les emportent sur le dessus de la planète. Et la planète, ça lui fait comme un gros chapeau. C'est rigolo. Alors, les autres planètes sont jalouses. Elles boudent. Elles grimacent. Des enfants partent en fusée et vont donner des chapeaux aux autres planètes, qui rigolent dans le ciel. Mais, plutôt que d'entendre rire, j'entends la grosse voix de mon père s'exclamer :

— Non ! Ce n'est pas possible ! Sylvain, que fais-tu là ?

Je n'ai pas le temps de lui répondre. CLAC ! Il fait encore une fois claquer la

porte de ma chambre, en disant, d'un ton fâché :

— Là, je suis sérieux ! Gare à toi si tu n'as pas tout rangé d'ici une heure !

Je réponds :

— Oui, papa !

4

Dans le corridor

Je déboule jusqu'en bas de l'amoncellement. J'en fais le tour et je suis complètement découragé.

Heureusement, il me vient une idée lumineuse : pour bien nettoyer ma chambre, je dois commencer par la vider au grand complet !

YOUPI ! En vitesse, j'ouvre la porte de ma chambre. Je lance dans le corridor tout ce qui me tombe sous la main : mes chaussettes, mes camions, mes poupées, mes souliers, mes chandails, mes livres, ma collection de gommes à mâcher, mes gommes à effacer, mes crayons et tout le reste.

Au bout de seulement vingt minutes, il n'y a plus rien à lancer. Ma chambre est vide, vide, vide... J'en fais le tour pour admirer le grand vide des tablettes, des tiroirs, de la garde-robe, du coffre à jouets et du plancher. Plus rien ne traîne! C'est le plus beau ménage de toute ma vie!

Épuisé, je m'assois dans un coin de ma chambre.

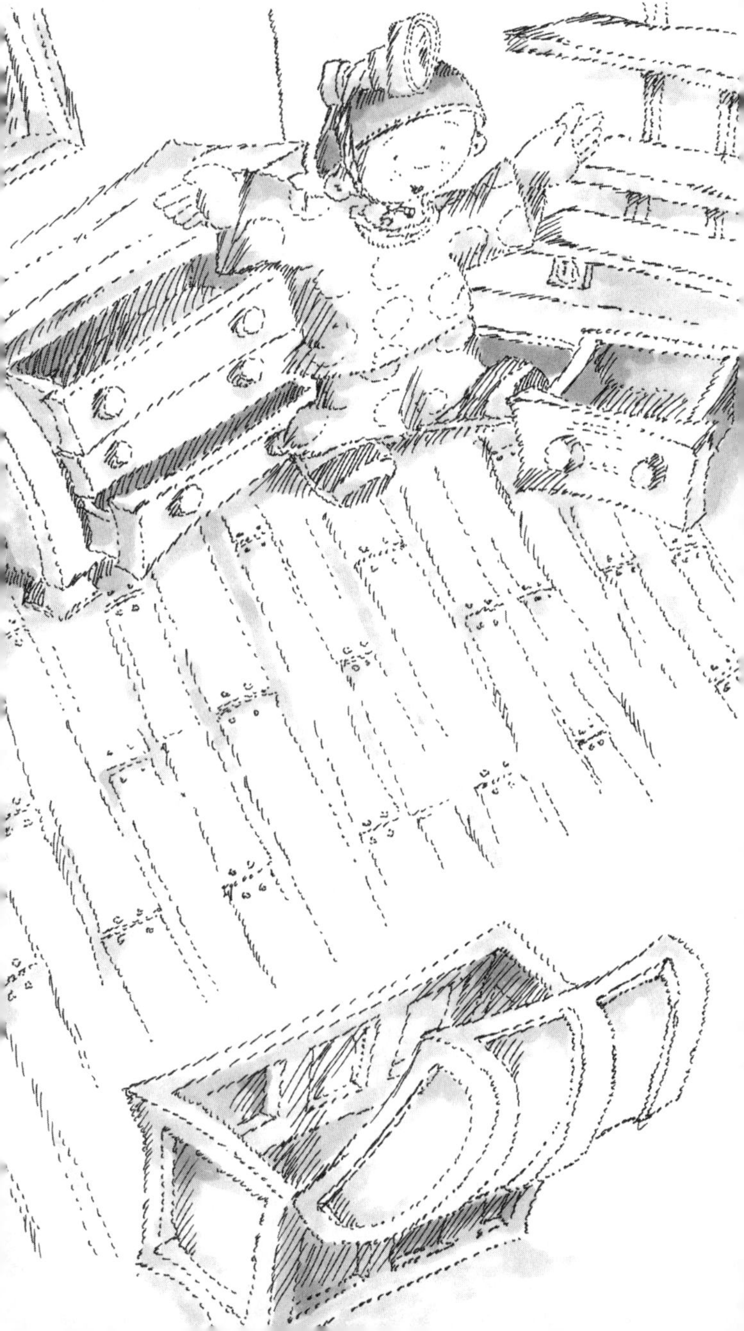

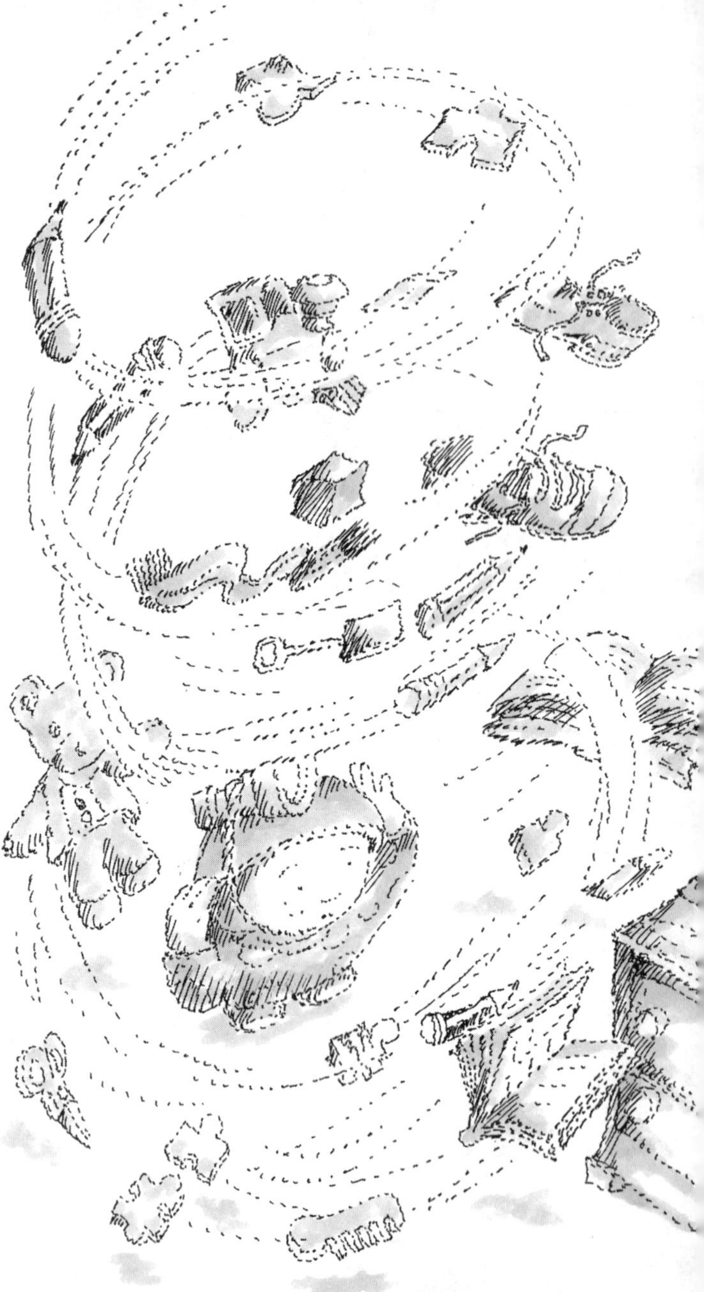

Je ferme les yeux, m'endors et rêve que tous les enfants de la Terre ont fait un grand ménage, un si gros ménage que leur chambre ressemble à un désert traversé par de tout petits vents chauds. Puis, soudainement, les petits vents se transforment en rafales qui soufflent de plus en plus fort. VVVV ! VVVV ! VVVV ! Le vent lance du sable dans les airs. Toutes sortes d'objets voyagent dans le ciel : des souliers, des chandails, des oursons, des pièces de casse-tête, des chevaux de bois, des robots de plastique. J'entends

BADING ! BADANG ! CLING !
CLANG ! CLONG ! BIM ! BAM !
BOUM !

Je m'éveille en sursaut. J'aperçois mes parents dans le corridor. En furie, ils lancent mes choses dans ma chambre en répétant :

— Non ! ce n'est pas vrai ! Ce n'est pas vrai ! C... E... N...E... S... T... P... A... S... V... R... A... I... !

5

Le grand vide

Je crie à mes parents :

— ARRÊTEZ ! ARRÊTEZ ! JE VAIS TOUT RANGER !

Je leur demande, pour une fois, de ne pas s'inquiéter :

— Ne craignez rien, d'ici quelques minutes, tout reviendra dans l'ordre.

Mes parents s'éloignent en bougonnant. J'entends mon père rouspéter :

— J'en ai assez ! Je vais écouter la télé !

— Je t'accompagne, ajoute ma mère.

Mes parents s'installent sur le canapé du salon, devant le téléviseur. Après une minute, mon père s'endort. Après deux minutes, ma mère le rejoint au pays des rêves. RON- RON- RON... Tous les deux, ils ronflent à tue-tête.

Je ne veux surtout pas les réveiller. Alors... sur la pointe des pieds et le plus silencieusement possible, je fais le grand ménage du corridor.

Lorsque mon grand ménage est terminé, je crie:

— OHÉ ! MES PARENTS ! RÉVEILLEZ-VOUS ! VENEZ ADMIRER LE PLUS BEAU MÉNAGE DU MONDE !

À la fois surpris, ravis, mais légèrement préoccupés, mes parents se lèvent, baîllent, éteignent le téléviseur, se dirigent vers ma chambre et s'arrêtent dans l'embrasure de la porte.

— Mais, où est passé tout ce qu'il y avait dans le corridor ? demande mon père en se frottant les yeux.

— Ta chambre est vide !

Où sont toutes tes choses ? ajoute ma mère.

— Ça, c'est une surprise, que je leur réponds en souriant.

6

La surprise

Mes parents n'en croient pas leurs yeux. Ils marchent dans ma chambre vide, vide, vide. Les murs renvoient l'écho de nos voix. Je dis :

— Vous voyez-yez-yez ! Il n'y a plus rien qui traîne-aîne-aîne ! Êtes-vous très fiers de moi-moi-moi ?

— Oui-oui-oui, répond mon père en se mordillant les lèvres.

— Oui-oui-oui, ajoute ma

mère, qui jette des coups d'œil dans les tiroirs vides.

Puis, mes parents s'arrêtent. Ils pensent tous les deux, en même temps, à la même chose. Mon père, les yeux écarquillés, balbutie :

— Non-non-non ! Sylvain… Tu n'as pas-pas-pas…

— Non-non-non ! ajoute ma mère... Tu n'as pas-pas-pas...

Mon père se précipite vers la porte d'entrée. Il regarde dehors :

— Fiou, il n'a pas jeté toutes ses affaires sur le perron !

En catastrophe, ma mère

ouvre la fenêtre de ma chambre pour regarder dehors :

— Fiou-ou-ou ! Il n'a rien jeté par la fenêtre-être-être.

Mes parents se regardent encore. L'air inquiet, ils tournent les talons et se rendent à la porte qui mène au sous-sol.

— Gare à toi si tu as lancé quelque chose au sous-sol, menace mon père en serrant les dents.

Ma mère n'ajoute rien, mais elle pense comme mon père. Tous les deux, ils ouvrent la porte qui mène au sous-sol et regardent au

bas de l'escalier. Rien n'y traîne. Alors, juste pour rigoler, je me rends dans la cuisine pour demander :

— Mais qui donc a laissé traîner cette assiette sale, ce vieux chaudron, ce tablier, ce livre de recettes ?

Puis dans le salon, j'ordonne :

— Allez ! Hop ! Ici, il faut ranger les pantoufles, les journaux, les revues, les disques !

7

Le dodo des parents

Découragé, mon père me demande :

— Sylvain, où as-tu caché toutes tes choses ?

— Ça, c'est un secret !

— Sylvain, ajoute ma mère, où sont tes livres, tes vêtements, tes chaussures et tout le reste ?

— C'est un secret... et un secret, c'est un secret !

Mes parents fouillent derrière les canapés, dans la

garde-robe de l'entrée, sous les armoires de cuisine, dans le garde-manger. Pour rigoler, je dis :

— Vous avez oublié de vérifier dans le réfrigérateur, dans le congélateur, dans le fourneau, dans les boîtes de céréales, dans le pot de biscuits…

Après avoir vérifié partout, mon père, découragé, se rend dans sa chambre, puis, tout habillé, il se laisse tomber sur son lit. Ma mère, elle aussi tout habillée, laisse

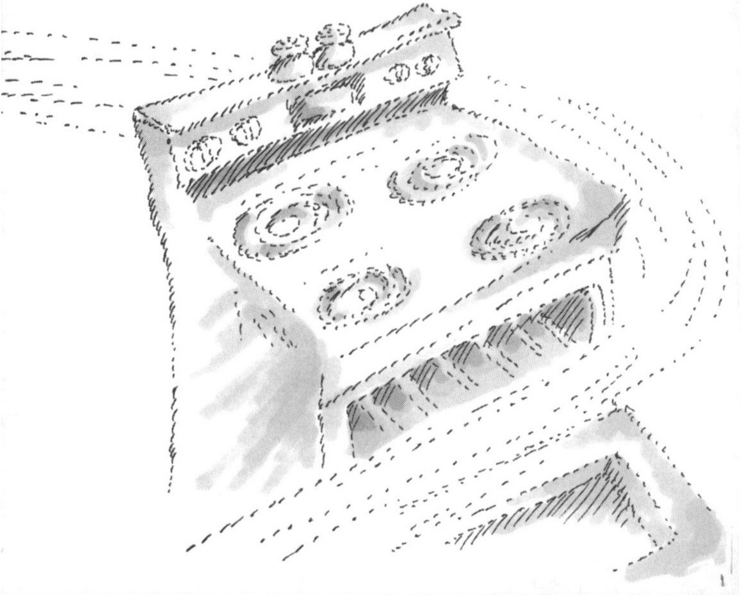

tomber sa tête sur son oreiller. Je leur dis :

— Vous avez passé une rude journée ! Reposez-vous bien !

Pour me faire pardonner toutes les nuits blanches que je leur ai imposées, je borde mes parents, je leur chante une comptine, je les embrasse sur le front et je leur souhaite de bons rêves.

— Dormez en paix. Cette nuit, je ne vous réveillerai pas !

— C'est bien gentil... Bonne nuit, Sylvain...

— Bonne nuit, Sylvain...

Mes parents s'endorment en ronflant. Dans le plus grand silence, je ferme la porte de leur chambre. Demain matin, je leur apprendrai la bonne nouvelle : toutes mes choses sont cachées sous leur lit, hi, hi, hi…

Fin

Fiches d'exploitation pédagogique

Vous pouvez vous les procurer sur notre site Internet à la section jeunesse / matériel pédagogique.

www.quebec-amerique.com

Achevé d'imprimer
en janvier deux mille cinq
sur les presses de Quebecor World Lebonfon
Val-d'Or, P.Q.
Imprimé au Canada